Marketing su Instagram

Guida alla crescita del vostro marchio con Instagram

Jacob Kirby

Copyright © 2024 by Rivercat Books LLC

All rights reserved.

No portion of this book may be reproduced in any form without written permission from the publisher or author, except as permitted by U.S. copyright law.

CONTENTS

Introduzione — 1

Capitolo 1: Instagram per le aziende — 3

Capitolo 2: Tipi di post su Instagram — 15

Capitolo 3: Costruire una strategia di marketing dei contenuti — 28

Capitolo 4: Crescere un seguito — 41

Capitolo 5: Analisi di Instagram — 49

Capitolo 6: Pubblicità su Instagram — 54

Conclusione — 60

INTRODUZIONE

I social media sono cresciuti a dismisura negli ultimi dieci anni, rivoluzionando la comunicazione personale e aziendale. Tutti usano i social media per vari motivi ed è difficile immaginare qualcuno che non abbia qualche applicazione di social media o più sui propri dispositivi personali al giorno d'oggi. Tra tutte quelle più diffuse, Instagram è emersa come una delle applicazioni più potenti per la condivisione di foto e video e per molto tempo è stata lo standard di fatto in questa categoria. L'applicazione ha fatto molta strada da quando è apparsa sulla scena nel 2010. All'epoca era solo un'altra piattaforma sociale che permetteva di condividere le foto dei propri animali domestici, del cibo e dei viaggi in destinazioni esotiche e ha persino portato alla rinascita della tendenza dei "selfie".

Nel 2022 Instagram si è trasformato da semplice applicazione per la condivisione di foto a strumento di marketing completo utilizzato da aziende, marchi e influencer. Tradizionalmente, prima che i social media prendessero il sopravvento, l'unico modo in cui un'azienda poteva iniziare la propria attività di marketing online e digitale era lo sviluppo e la gestione di un sito web con dominio. Sia che si tratti di un notiziario, di un blog, di un prodotto o di un servizio, era necessario avere un sito web per attirare il traffico dei clienti e far crescere l'azienda. Oggi, avere un sito web è una buona idea per la maggior parte delle aziende, ma è tutt'altro che necessario. Instagram e le piattaforme dei social media hanno iniziato a cambiare il marketing digitale e online così come lo conosciamo.

Con oltre due miliardi di utenti attivi, Instagram è senza dubbio la piattaforma socialmente più attiva al mondo. Secondo SendPulse, "il tempo medio trascorso dagli utenti sulla piattaforma è di 53 minuti al giorno e almeno il 90% degli utenti segue almeno un'azienda o un marchio". Qualunque sia il settore di appartenenza, il marketing dei propri servizi o prodotti su Instagram non è mai stato così facile ed è sicuramente una scelta obbligata. Con metodi strategici e analisi approfondite, un marchio può facilmente scalare il proprio business sulla piattaforma.

Il marketing come processo richiede ancora un grande sforzo di comprensione del pubblico e della piattaforma su cui si opera. Fortunatamente, Instagram rende tutto questo semplice per le aziende grazie alle sue funzioni di analisi integrate, che possono aiutare a tracciare varie metriche e KPI relative al traffico e al coinvolgimento dei clienti. Le aziende e i marchi possono anche valutare il rendimento dei loro post in base all'interazione con i clienti, e quindi è essenziale per ogni marchio interagire con i propri follower e coltivarli fino a farli diventare potenziali clienti. È altrettanto importante avere la possibilità non solo di indirizzare il traffico dei clienti esistenti verso i canali giusti dalla piattaforma, ma anche di far crescere il pubblico e attrarre nuovi follower attraverso la pubblicità. Con la giusta strategia pubblicitaria e i link cliccabili, la piattaforma offre a ogni marchio e azienda l'opportunità di rivolgersi ai clienti giusti e di coinvolgerli attraverso il tipo di contenuti che stanno cercando.

Che siate piccoli imprenditori o influencer sui social media, questa guida vi accompagnerà attraverso l'intero processo, dalla creazione dell'account aziendale alla pubblicità sulla piattaforma, e vi fornirà tutte le informazioni necessarie per far crescere e scalare il vostro marchio con l'Instagram marketing.

CAPITOLO 1: INSTAGRAM PER LE AZIENDE

Mentre continuiamo a crescere e a progredire nell'era dei social media, è di fondamentale importanza che le aziende e i marchi continuino a evolversi, ad adattarsi e ad accogliere tutte le opportunità promozionali che le piattaforme dei social media possono offrire. Il marketing dei propri prodotti o servizi su Instagram richiede molta strategia e coerenza con i contenuti e il coinvolgimento dei propri follower. Questa sezione tratterà i vantaggi del marketing su Instagram, la creazione di un account aziendale e la definizione degli obiettivi.

Creare e mantenere un profilo eccellente è il primo fattore chiave per trasformare i visitatori curiosi in follower fedeli che possono interagire e impegnarsi con i contenuti creati. Il coinvolgimento nei contenuti è l'inizio del processo di costruzione di un rapporto fondamentale con i vostri follower. Per questo motivo è indispensabile che le aziende e i marchi abbiano un feed Instagram all'altezza della homepage del loro sito web, poiché sempre più persone iniziano a cercare le aziende su Instagram prima di cercarle su Google.

L'importanza di avere un conto aziendale

C'è una differenza tra avere un classico account personale e un account aziendale professionale su Instagram. All'inizio, se siete una piccola azienda, un marchio o un influencer, va bene iniziare con un account personale se vi mettete in gioco postando regolarmente contenuti decenti. Tuttavia, quando il vostro marchio inizia a crescere e ad acquisire maggiore popolarità, può essere difficile tenere il passo con la crescita utilizzando un account personale. Potreste non capire cosa cerca il vostro pubblico, non postare abbastanza contenuti perché l'algoritmo di Instagram promuova il vostro profilo a più persone, ecc. Questo può portare a una stagnazione della crescita sulla piattaforma, che può addirittura diminuire se il problema non viene analizzato attentamente. L'aggiornamento a un account business vi offre maggiori funzionalità che potete utilizzare a vostro vantaggio per migliorare l'esperienza utente dei vostri follower. In questa sezione vedremo come impostare facilmente il vostro profilo Instagram in modo che sia pronto per il business.

Sebbene sia possibile costruire un marchio e commercializzare i propri servizi o prodotti con un classico account personale se si è un influencer, si ha la possibilità di passare a un profilo business che sblocca numerose funzionalità avanzate come:

- Analytics - Gli analytics vi diranno quali post stanno andando bene, quanti follower hanno reagito ad essi, ecc.

- Pulsante di contatto e di risposta rapida - I clienti possono chiamarvi o inviarvi un'e-mail direttamente con il pulsante di contatto, mentre le risposte rapide invieranno ai clienti messaggi pre-scritti per le domande più comuni.

- Promozione dei post - Il potenziamento o la promozione dei vostri post con annunci pubblicitari può ampliare la vostra portata e attirare un pubblico più numeroso.

- Funzione Swipe up - Dopo aver superato i 10.000 follower, potete includere nelle vostre storie di Instagram dei link per reindirizzare il traffico verso un sito web, un negozio online, servizi e risorse, ecc.

- Instagram Shopping - Si tratta di un'ottima funzione per i negozi al dettaglio online e i marchi di e-commerce, che consente a un account aziendale di attivare la scheda negozio che reindirizza il traffico dei clienti al negozio online per completare l'acquisto di un servizio o di un prodotto.

Impostazione del conto aziendale

Un account aziendale ben impostato crea un'ottima prima impressione, emana professionalità e cattura l'attenzione dei vostri potenziali follower. I marchi più famosi nei loro rispettivi settori capiscono l'importanza di avere un profilo perfetto che renda l'esperienza dell'utente ordinata e straordinaria per i loro follower.

D'altra parte, trascurare un'impostazione professionale o non ottimizzare l'esperienza dell'utente sul proprio profilo potrebbe potenzialmente portare a perdere follower a favore dei concorrenti, anche se il marchio è leader nel rispettivo settore.

Per iniziare a configurare il vostro profilo per il business, potete procedere in vari modi. Se avete già un account personale classico e volete passare a un account business, potete seguire i seguenti passaggi:

1. Accedere al proprio account Instagram

2. Selezionate l'opzione del menu nell'angolo in alto a destra del vostro profilo.

3. Selezionare le impostazioni

4. Selezionare il conto

5. Toccare "Passa all'account professionale".

6. Toccare "Continua".

7. Scegliere tra le opzioni di "Cosa ti descrive meglio".

8. Selezionare "Business" dalle opzioni di "Sei un creatore"?

9. Aggiungete l'e-mail, il numero di telefono e i dettagli dell'indirizzo della vostra azienda.

10. Toccare il pulsante per visualizzare le informazioni di contatto o selezionare "Non usare le mie informazioni di contatto" per nascondere i propri dati.

11. Toccare "Accedi a Facebook" per connettersi con la propria pagina aziendale di Facebook o saltare

12. Toccare "OK" per completare il passaggio

Se non avete ancora un account personale su Instagram o se invece volete creare un account nuovo di zecca specificamente per il business, vi consigliamo vivamente di creare prima una pagina aziendale su Facebook e di ottimizzarla per ottenere la migliore esperienza utente. Potete anche utilizzare le seguenti istruzioni per creare una pagina aziendale Facebook nuova di zecca e collegarla al vostro profilo aziendale Instagram esistente. Per creare una pagina aziendale, potete seguire i seguenti passaggi:

1. Accedere al proprio account Facebook

2. Selezionate l'icona del menu nell'angolo in alto a destra, accanto all'icona del vostro profilo.

3. Selezionate "Pagina" per accedere alla schermata "Crea una pagina".

4. Aggiungere il nome della pagina

5. Selezionare la categoria di attività

6. Aggiungete una breve descrizione dell'attività

7. Toccare "Crea pagina".

8. Aggiungere un'immagine del profilo e una foto di copertina

9. Toccare "Salva".

È possibile ottimizzare ulteriormente la pagina aziendale di Facebook creando un nome utente, aggiungendo e rimuovendo pulsanti per indirizzare il traffico dei clienti, ottimizzando le inserzioni pubblicitarie e le recensioni su Facebook, aggiungendo dettagli sui contatti e sulla sede, orari di attività, tipi di servizi e fasce di prezzo, ecc.

È importante ottimizzare attentamente la vostra pagina aziendale su Facebook per creare la migliore esperienza utente per i vostri clienti e visitatori che cercano di cercarvi su Facebook. Una volta terminata la configurazione della vostra pagina aziendale su Facebook, accedete a Instagram attraverso i vostri dati di Facebook e seguite i passaggi precedenti per impostare un profilo aziendale su Instagram. Una volta impostati la pagina e il profilo aziendali su entrambe le piattaforme, dovreste essere in grado di pubblicare costantemente gli stessi contenuti per aumentare il coinvolgimento dei clienti su entrambe le piattaforme contemporaneamente.

Ottimizzazione delle impostazioni dell'account

Ora che abbiamo spiegato come impostare correttamente il vostro profilo aziendale su Instagram e abbiamo anche brevemente spiegato come creare una pagina aziendale su Facebook e collegarla al vostro profilo aziendale su Instagram, iniziamo a ottimizzare il vostro profilo aziendale.

Nome e utente

nome

Si consiglia vivamente di utilizzare il nome effettivo dell'azienda per la sezione "Nome", in modo da renderlo facile e riconoscibile per i visitatori e i follower esistenti, poiché sarà il nome visualizzato sotto l'immagine del profilo. È meglio mantenerlo semplice, perché c'è un limite di 30 caratteri e bisogna tenerne conto se il nome dell'azienda è lungo. Se siete un influencer, potete usare il vostro vero nome se state costruendo il vostro marchio e creando contenuti incentrati su di voi e sul vostro stile di vita.

Il nome utente è un nome unico per il vostro profilo, specifico per la piattaforma. Potete essere creativi, ma in genere è meglio mantenerlo semplice, facile da trovare e riconoscibile per i visitatori e i follower esistenti che vogliono impegnarsi con voi. Questo è il nome che userete quando vi impegnerete con i vostri follower e collaborerete con altri account Instagram. Il nome utente deve rispecchiare la vostra presenza sulla piattaforma, quindi sceglietene uno che sia in sintonia con il vostro marchio e con ciò per cui volete essere conosciuti.

Immagine del profilo

L'immagine del profilo deve essere pertinente alla vostra attività o al vostro marchio. Quindi, se siete una piccola impresa e avete già un logo che definisce il vostro marchio, potete usarlo come immagine del profilo. Se siete un influencer e promuovete un certo tipo di contenuti relativi a un servizio o a un prodotto, potreste avere un'immagine personale che risuoni con la visione e il messaggio generale del vostro marchio. Una buona foto del profilo lascerà un'immagine duratura nella mente dei vostri follower, perciò cercate sempre un'immagine coerente con il vostro branding. Assicuratevi di lasciare un po' di spazio agli angoli della vostra immagine, poiché Instagram ritaglia la foto del profilo in un cerchio.

Bio

La vostra biografia su Instagram è come la vostra prima presentazione al mondo, in stile elevator pitch. È l'occasione per mostrare la vostra personalità e far sapere chi siete e perché dovrebbero seguirvi. Dovrebbe anche essere abbastanza concisa da far capire ai potenziali follower il tipo di contenuti che possono aspettarsi da voi.

Instagram prevede un limite di 150 caratteri per la biografia, quindi è necessario essere il più possibile creativi e concisi.

La biografia di Instagram è anche l'unico posto in cui è possibile inserire un link cliccabile per indirizzare il traffico verso un altro sito web o una pagina. Utilizzate un accorciatore di link per accorciare il link in modo che non occupi troppi caratteri e un link builder se avete più di un link.

Se siete un influencer e volete distinguervi per una professione, un hobby, un'abilità o un interesse specifici, potete descrivere anche questi dettagli nella vostra bio. Potete usare parole chiave specifiche che descrivano accuratamente ciò che fate senza occupare troppo spazio. L'uso di parole chiave non avrà alcun effetto sulla vostra ricercabilità, ma metterà l'accento sul tipo di contenuto con cui volete che i vostri follower entrino in risonanza. Potete anche includere un link all'hashtag brandizzato per reindirizzarli a un altro profilo che evidenzia il tipo di contenuti a cui i vostri follower potrebbero essere interessati.

Impostazioni aggiuntive

Dopo aver curato l'aspetto estetico del vostro account, è importante ottimizzare anche alcune impostazioni di backend per mantenere un'esperienza d'uso fluida per i vostri follower. Poiché siete un marchio o una figura pubblica, è importante che la privacy del vostro account sia impostata su pubblica e non su privata. Questo è importante perché volete che le persone vi cerchino, vedano i vostri post e vi seguano senza ostacoli. Una volta collegata la vostra pagina aziendale di Facebook al vostro account aziendale di Instagram, l'impostazione dovrebbe cambiare automaticamente in "account pubblico" se prima eravate un account privato, ma è sempre bene controllare l'impostazione della privacy al momento della creazione dell'account. Per farlo, potete andare nel menu del vostro account > selezionare Privacy > selezionare Account > disattivare "Account privato".

Un'altra funzione che potreste voler esaminare è quella di nascondere i commenti offensivi che potrebbero danneggiare il vostro marchio e offendere gli altri follower. Per farlo, potete andare nel menu delle impostazioni del vostro account > selezionare Privacy > selezionare Commenti > attivare "Nascondi commenti offensivi".

Con la crescita del vostro marchio e l'ampliamento del vostro raggio d'azione a un maggior numero di follower, potreste volere che altre persone vi aiutino a gestire i vostri social media e il vostro marketing su Instagram; potete farlo aggiungendo fino a cinque altri account al vostro account aziendale. A tale scopo, potete accedere all'opzione di menu delle impostazioni del vostro account > selezionare "Aggiungi account" in basso > inserire il nome utente e la password della persona che state aggiungendo al vostro account aziendale. In questo modo la persona che vi aiuta potrà passare dal proprio account a quello aziendale senza dover accedere e uscire da entrambi gli account.

Obiettivi e finalità

Ora che il vostro account commerciale è stato configurato, vediamo cosa intendete fare esattamente con esso. La definizione di obiettivi e finalità per il vostro account aziendale, in linea con il vostro marchio e messaggio, è direttamente proporzionale al modo in cui commercializzate i vostri prodotti o servizi sulla piattaforma.

Utilizzate le seguenti domande come quadro di base e cercate di scrivere risposte dettagliate e specifiche, in modo da definire obiettivi e traguardi chiari:

- Cosa volete ottenere con i vostri contenuti?

- I vostri contenuti hanno l'obiettivo di educare e sensibilizzare i vostri follower?

- Che tipo di contenuti e con quale frequenza avete intenzione di pubblicare?

- Chi è il vostro pubblico di riferimento e i vostri contenuti attuali sono utili per loro?

- Come e cosa farete per mantenere il vostro pubblico impegnato?

- Come ti vedi progredire ogni anno sulla piattaforma?

- Quali metriche vi interessa monitorare per analizzare la crescita?

- Quanto tempo e quante risorse potete dedicare al marketing e alla pubblicità?

Dopo aver scritto e definito obiettivi e finalità chiare, date un'occhiata ai profili dei vostri concorrenti e valutate cosa fanno che voi potreste adottare o evitare. Studiate il tipo di contenuti che pubblicano e la frequenza con cui li pubblicano, cosa fanno di diverso per coinvolgere i loro follower, che aspetto hanno i loro annunci, se ne hanno, e come potreste pubblicizzarli in modo diverso, ecc.

Dopo aver determinato cosa fanno i vostri concorrenti, date un'occhiata approfondita al vostro profilo e vedete come potete distinguervi dalla concorrenza. Analizzate i vostri contenuti attuali e vedete come migliorarli. Forse volete archiviare alcuni vecchi post contenenti informazioni ormai superate e che probabilmente necessitano di un repost con informazioni più rilevanti. Forse volete iniziare a postare con maggiore frequenza. Costruite un sistema che vi aiuti a verificare costantemente il vostro account e i vostri post per garantire che la qualità sia all'altezza dei vostri follower.

Vantaggi del marketing su Instagram

Secondo Social Pilot, "Instagram ha più di due miliardi di utenti attivi e oltre il 64% degli utenti ha meno di 34 anni". Questo è il vantaggio aggiuntivo del marketing su Instagram. Ora che avete un account aziendale e avete definito obiettivi e finalità chiare, cerchiamo di capire quali sono i vantaggi e i lati positivi del marketing dei vostri prodotti e servizi sulla piattaforma.

Appeal visivo

Le persone sono esseri visivi. Se il feed del vostro profilo Instagram ha ottimi contenuti e uno schema di colori coerente, è più probabile che i visitatori vi seguano solo in base alla vostra capacità di fornire un appeal visivo rilassante. Le persone sono più disposte a impegnarsi con contenuti visivi concisi e informativi, il che è essenziale se volete catturare l'attenzione dei vostri follower e dei visitatori che scorrono una quantità infinita di contenuti sulla piattaforma.

Piccole imprese

Instagram è stato in grado di aiutare le piccole imprese prive di capitale di marketing a far crescere la propria presenza semplicemente pubblicando contenuti coerenti. La piattaforma consente inoltre ai visitatori e agli utenti di trovare queste piccole imprese attraverso link e ricerche di hashtag. Anche se non disponete di un enorme budget di marketing per pubblicizzare i vostri servizi o prodotti, con un'impostazione professionale, la pubblicazione di contenuti coerenti e pertinenti può far sì che l'algoritmo di Instagram lavori a vostro favore. Stanziare un budget di marketing per rendere i vostri post evidenti, in modo da attirare l'attenzione dei visitatori occasionali, può certamente aiutare a far crescere il vostro pubblico, soprattutto se siete degli influencer.

Consapevolezza del marchio

Secondo SendPulse, "il 74% degli utenti della piattaforma considera affidabili e rilevanti i marchi che hanno un profilo Instagram o una presenza sui social media". Gli utenti non solo ammettono di conoscere nuovi marchi e influencer sulla piattaforma, ma si allontanano anche dalle aziende che non hanno un'impronta sui social media. Una volta i social media erano solo una cosa piacevole da avere per un'azienda, ma ora sono un must per ogni azienda nel 2022!

Migliore coinvolgimento

Avere una presenza online sui social media, e in particolare su Instagram, è il modo migliore per costruire fiducia e un rapporto con i clienti. È interessante notare che un post su Instagram ottiene in media il 23% di engagement in più rispetto a

Facebook, anche se Facebook ha più utenti attivi. Questo la dice lunga su come e dove i vostri follower vorrebbero impegnarsi con voi.

Aumento delle vendite

Uno dei maggiori vantaggi del marketing su Instagram è che il pubblico tende a prendere decisioni di acquisto molto più rapidamente che su qualsiasi altra piattaforma di social media o sito web. Questo è certamente d'aiuto se si inizia a fare pubblicità su Instagram. Fortunatamente, Instagram aiuta sia i marchi che le aziende in questo senso, rendendo la propria piattaforma ottimizzata per l'acquisto d'impulso con vari strumenti che portano il cliente direttamente dall'applicazione al negozio.

Nutrire il pubblico

Instagram vi aiuta a espandere la vostra portata consentendovi di identificare con precisione il vostro pubblico di riferimento. Con il gestore degli annunci di Instagram, potete attirare il pubblico giusto in base alle sue informazioni demografiche, al suo comportamento d'acquisto, ai suoi interessi e ad altre metriche. Se un visitatore mostra interesse cliccando sui vostri annunci, o andrà fino in fondo e farà un acquisto o rimarrà incerto e deciderà di tornarci in seguito. In questo caso, il gestore degli annunci offre valide alternative di retargeting per incoraggiare il visitatore a seguire il suo interesse iniziale per il vostro prodotto o servizio.

CAPITOLO 2: TIPI DI POST SU INSTAGRAM

Ora avete un account aziendale, avete fissato obiettivi e finalità per la vostra crescita e avete ottimizzato l'account per il successo. Osserviamo in dettaglio i diversi tipi di post che si possono fare su Instagram e i vantaggi di ciascuno.

Immagini

Le immagini regolari sono facilmente i post più comuni sulla piattaforma per molte ragioni. È possibile pubblicare una varietà di immagini versatili che aumentano il coinvolgimento, stimolano l'interesse e accrescono la curiosità. È importante essere creativi e diversificati nella pubblicazione di immagini, che non devono dare l'impressione di una costante pubblicità palese ai propri follower, ma piuttosto di essere genuini e reali quando si pubblicano contenuti contestualizzati.

Instagram ha un layout molto facile e semplice. Sebbene il layout non sia cambiato molto dalla sua nascita, sono stati apportati miglioramenti alla piattaforma per competere con altre piattaforme.

La piattaforma consente ancora di postare foto in formato orizzontale e verticale; tuttavia, ogni immagine postata sarà di default un'immagine quadrata nel feed del profilo. Evidentemente, diventa più importante concentrarsi sulla qualità delle immagini, tenendo conto della risoluzione, delle dimensioni e della grandezza. Se volete che il vostro pubblico sia ispirato e catturato dai vostri contenuti, dovete sempre pubblicare immagini ad alta risoluzione nel vostro feed.

Poiché tutte le immagini verranno ritagliate in un'immagine quadrata nel feed, la dimensione standard per le immagini quadrate è di 1080px per 1080px con un rapporto di aspetto 1:1. Per i post in formato orizzontale, la dimensione ideale è di 1080px per 566px con un rapporto di aspetto 1,91:1. Per i post in formato orizzontale la dimensione ideale è 1080px per 566px con un rapporto di aspetto 1,91:1 e per i ritratti la dimensione ideale è 1080px per 1350px con un rapporto di aspetto 4:5. Tenendo a mente queste proporzioni, si dovrebbe sempre cercare di modificare le immagini in base a queste dimensioni per mantenere la coerenza con gli altri post di immagini.

Scattare una foto davvero buona può sicuramente portare molto lontano e questo avviene con la pratica e l'abilità. La tecnologia delle fotocamere è progredita moltissimo negli ultimi anni, soprattutto grazie agli smartphone che sono in grado di competere con le costose fotocamere DSLR. Con una fantastica fotocamera del telefono, anche voi potete scattare foto spettacolari di alta qualità utilizzando solo il vostro smartphone. Scopriamo i seguenti suggerimenti per aiutarvi a scattare foto di grande effetto che catturino l'attenzione dei vostri follower.

Luce naturale e ora d'oro

La comprensione della luce è uno degli aspetti più importanti della fotografia. Se la luce è troppa, l'immagine appare decolorata e affatica l'occhio; se è troppo poca, può creare ombre scure indesiderate intorno alle aree chiare dell'immagine. Il modo migliore per ovviare a questo problema è capire la luce in ogni momento della giornata e quali sono le aree dell'ambiente circostante che riflettono la luce migliore in quei momenti della giornata. Scattate alcune foto di un oggetto nello stesso punto, con la stessa angolazione e nella stessa scena durante il giorno per capire le varie sfumature della luce naturale.

Imparate a sfruttare il potere di scattare foto durante l'ora d'oro del giorno. La prima ora dopo l'alba e la prima ora prima del tramonto sono ambite dai fotografi e vengono comunemente chiamate "ore d'oro". Il motivo per cui tutti amano le foto scattate durante l'ora d'oro è che hanno l'aspetto più naturale ed estetico. Non c'è bisogno di filtri!

Regola dei terzi e spazio

La regola dei terzi è un principio popolare e comunemente praticato dai fotografi. Riguarda la composizione e si applica alla disposizione e al bilanciamento di tutti gli elementi che compongono le immagini, come le varie forme, le texture, lo sfondo, i colori e altro ancora. Un buon trucco per capire come utilizzarlo per migliorare la qualità delle immagini è quello di utilizzare l'impostazione della griglia nella fotocamera del telefono e di esercitarsi a imparare come allineare le immagini. Si divide l'inquadratura dell'immagine in tre linee verticali uniformemente distanziate e tre linee orizzontali uniformemente distanziate che formeranno una griglia di 3x3 o nove parti. L'intersezione delle linee è il punto in cui si deve concentrare l'attenzione sul prodotto.

Lo spazio negativo o bianco è lo spazio vuoto intorno al prodotto, isolato nella cornice dell'immagine, che consente di attirare l'attenzione sul prodotto. Combinando l'uso dello spazio bianco e della regola dei terzi si può creare un'immagine potente e di alta qualità.

Profondità e stratificazione

Abbiamo visto come l'uso della regola dei terzi e degli spazi possa isolare e puntare l'attenzione solo sul soggetto; allo stesso modo, anche l'aggiunta di strati e profondità alle immagini può essere naturalmente interessante. La stratificazione può iniziare con la messa a fuoco di un soggetto, seguito da un altro soggetto dietro di esso, leggermente sfocato, e da un altro sullo sfondo, di nuovo leggermente più sfocato. È importante non esagerare con la stratificazione, ma sperimentare come mettere in risalto il soggetto principale e sfocare leggermente il resto.

Angoli e punti di vista

Vi è mai capitato di scattare una foto con il vostro smartphone o la vostra fotocamera e di tenerla istintivamente all'altezza degli occhi prima di scattare? È molto naturale per noi scattare foto con questo punto di vista, ma provate a mescolare e a vedere come potete scattare foto con punti di vista diversi, magari con una vista a volo d'uccello che si trova in alto rispetto al terreno, o con una vista a occhio di verme che si trova vicino alla superficie del terreno, ecc.

L'uso delle griglie nelle impostazioni della fotocamera aiuterà a mettere a fuoco e a bilanciare le immagini da diverse angolazioni. Se avete più soggetti, provate ad allinearli e a sperimentare le angolazioni per vedere quanto bene potete ritrarli nelle vostre immagini in verticale, in orizzontale e anche in diagonale, se l'aspetto è buono e l'angolazione ha senso.

Simmetria e modelli

L'occhio umano è affascinato da una composizione simmetrica che valorizza un soggetto che altrimenti potrebbe non essere entusiasmante. La simmetria può aiutare ad attirare l'occhio sui semplici dettagli dell'immagine, se è piacevole da guardare. Se la simmetria fa bene agli occhi, i modelli fanno bene al cervello.

Il nostro cervello è una macchina naturale per il riconoscimento dei modelli e sperimentare con i modelli può certamente migliorare la qualità delle immagini.

Scatti di scena, d'azione e di dettaglio

Catturare un'immagine con i soggetti in movimento è un'abilità a sé stante, ma può dare vita a scatti davvero sorprendenti. Non è necessario che sia perfetta, anche un po' di movimento e un tocco di sfocatura rendono l'immagine quasi artistica. Un ottimo modo per ottenere una buona scorta di scatti spontanei è quello di assicurarsi che il soggetto sia in una buona luce naturale e che rientri nell'inquadratura della composizione, quindi di attivare la modalità di scatto a raffica sullo smartphone per catturare un gruppo di immagini in un breve lasso di tempo; infine, quando le passerete al setaccio, potreste trovarne una abbastanza "spontanea" da inserire nel vostro feed.

Vibrante e umoristico

I colori vivaci tendono a farci sentire caldi, felici e ci danno energia, quindi a volte avere un'esplosione di colori ricchi e brillanti può avere un grande impatto sulla qualità delle immagini. Trovare il giusto equilibrio tra colori vivaci e neutri moderati può essere rinfrescante per il vostro feed. Nello stesso spirito dell'aggiunta di un po' di vivacità, il fatto di mantenere un tono divertente e di aggiungere comicità alle vostre immagini aggiungerà un tocco più reale e personale che potrà risuonare con i vostri follower.

Modifica delle immagini

Quando si guardano alcuni profili Instagram molto belli e ci si chiede perché i loro feed di immagini siano davvero belli, non è solo perché le foto sono state scattate in modo professionale. È anche grazie al processo di editing. L'editing da solo non può far apparire bella una brutta foto, quindi assicuratevi di seguire i passaggi sopra descritti e di scattare foto di alta qualità, tanto per cominciare. Per quanto riguarda l'editing, esiste una pletora di applicazioni e programmi che si possono utilizzare per modificare le immagini. La maggior parte di essi dovrebbe includere i seguenti elementi essenziali di editing.

Coltura

Il ritaglio dell'immagine rimuove tutti i dettagli che distraggono o che non sono necessari e che non si vogliono inserire nell'immagine finale.

Bilanciamento del bianco

Il bilanciamento del bianco aiuta a regolare i livelli di colore e le condizioni di illuminazione dell'immagine se non si è soddisfatti della ripresa originale; la maggior parte delle applicazioni di editing dispone di modalità preimpostate tra cui scegliere.

Contrasto

Il contrasto è la gamma di toni scuri e chiari che aiutano a far risaltare alcuni elementi dell'immagine; se è troppo basso, si rischia di avere un'immagine piatta in cui non spicca nulla, o se è troppo alto, tutti i toni, indipendentemente dai colori, risaltano; cercate quindi di trovare un equilibrio evitando gli estremi.

Esposizione

L'esposizione consente di rendere l'immagine luminosa o scura a seconda della luminosità dell'immagine originale. Evitare di rendere l'immagine troppo chiara o troppo scura e regolare l'esposizione con moderazione.

Saturazione

La saturazione contribuisce ad aumentare l'intensità dei colori nelle immagini, rendendoli più brillanti e conferendo un aspetto drammatico all'immagine finale. L'aumento della saturazione rende l'immagine più intensa.

Pulire a macchia d'olio

La maggior parte delle applicazioni di editing dovrebbe avere una funzione di pulizia delle macchie che può aiutare a ridurre o rimuovere elementi polverosi o granulosi dall'immagine finale, quindi esaminate attentamente l'immagine finale per vedere se ci sono macchie che volete ridurre o rimuovere.

Filtri e caricamento

Una volta completate tutte le modifiche su un'altra applicazione di vostra scelta, è il momento di caricare l'immagine finale sul vostro feed di Instagram. Quando si carica una foto modificata, l'immagine viene automaticamente ritagliata in un quadrato, se non lo si è già fatto, e poi si hanno a disposizione alcune opzioni di filtro tra cui scegliere. Se avete modificato l'immagine a vostro piacimento, potete evitare di aggiungere altri filtri.

È bene controllare sempre l'immagine finale prima di pubblicarla e scrivere una didascalia che aggiunga contesto e significato all'immagine.

Video

Anche Instagram consente di pubblicare video. I seguenti suggerimenti dovrebbero aiutarvi a ottimizzare i vostri video per il successo del marketing. Esiste anche una pletora di applicazioni per l'editing video che vi aiuteranno a migliorare la qualità dei vostri video prima di pubblicarli; inoltre, dovete sempre essere consapevoli di pubblicare video che abbiano uno scopo e siano in linea con la voce e il messaggio generale del vostro marchio.

Miniatura

Come per ogni altra cosa, anche per i video è importante catturare l'attenzione del pubblico. Per questo motivo, è necessario scegliere in modo strategico una buona immagine di anteprima che precluda il contenuto del video. Questo aiuterà a creare curiosità e a dare ai vostri follower un'idea di cosa aspettarsi dal video.

Suono

L'applicazione tende a riprodurre automaticamente i video senza l'audio, quindi per far sì che il pubblico senta l'audio con il video, deve toccarlo. Quindi, è un buon consiglio da tenere a mente quando si creano i video per non fare affidamento sull'audio, poiché si vuole che i follower capiscano il contenuto del video senza doverlo toccare. L'aggiunta di sottotitoli è un'ottima idea se il video è un video in cui qualcuno parla.

Iperlapse

Instagram consente di "hyperlapse" i video di lunga durata o, in altre parole, di condensare la lunghezza complessiva in un video più breve di un minuto. Hyperlapse è un'applicazione di Instagram che vi aiuta a creare video time-lapse semplici e senza sforzo e vi permette anche di scegliere la velocità di riproduzione. Potete sperimentare la lunghezza dei vostri video e vedere cosa è più comodo per il vostro pubblico e cosa ottiene il maggior coinvolgimento.

Boomerang

I boomerang sono video in loop di tre secondi che vengono riprodotti in avanti e poi all'indietro; possono essere divertenti per il pubblico e rappresentare momenti divertenti dietro le quinte o brindisi celebrativi con bicchieri di vino, ecc.

Bobine Instagram

Per tenere il passo con la concorrenza di altre applicazioni che offrono contenuti video di breve durata, la nuova funzione della piattaforma, chiamata Instagram Reels, consente di creare video divertenti di 15-30 secondi per qualsiasi scopo, come video informativi e tutorial veloci. I Reels hanno una propria sezione sulla piattaforma, quindi quando si creano contenuti per commercializzare i propri prodotti, sfruttare i Reels è una grande opportunità per aumentare la trazione e il coinvolgimento dei propri follower. Ogni giorno vengono guardati almeno 100 milioni di reel! I seguenti passaggi dovrebbero aiutarvi a pubblicare i video di Instagram:

1. Toccate l'icona più nella parte superiore dello schermo e selezionate Reel.

2. Di conseguenza, regolare le impostazioni:

- Tempi: scegliete se si tratta di una bobina di 15 o 30 secondi.

- Musica - digitare nella barra di ricerca la musica che si desidera utilizzare

- Velocità: scegliete se volete accelerare o rallentare il ritmo.

- Effetti: selezionare tutti gli effetti applicabili, se necessario.

- Timer: consente di impostare un timer o un conto alla rovescia prima che la bobina inizi a registrare.

3. Registrate il vostro Reel e di conseguenza mettete in pausa o riprendete la registrazione se dovete passare a una nuova scena, tenendo d'occhio la barra di avanzamento in alto sullo schermo.

4. Rivedete la registrazione e modificatela nuovamente se non siete soddisfatti. Se siete soddisfatti, premete l'icona "Condividi su" in basso a destra dello schermo per condividere su Reels o su Stories.

La condivisione del clip in Reels apparirà automaticamente sulla pagina separata di Instagram Reels e avrete anche la possibilità di condividerlo nel vostro feed, oltre ad altre impostazioni aggiuntive come la possibilità di taggare altre persone o di ritagliare l'immagine di visualizzazione del Reel. Se non siete ancora pronti a pubblicarlo, potete scegliere di salvarlo in bozza per pubblicarlo in seguito.

Quando si seleziona l'opzione Storie, è possibile condividerla nelle storie di Instagram o solo con gli amici più stretti.

Storie di Instagram

Le storie di Instagram sono un'altra funzione che consente di pubblicare immagini e video molto più reali e autentici, non così curati come il feed del profilo. Questi post durano solo 24 ore, dopodiché scompaiono. A differenza del feed principale, con le Storie è possibile sperimentare un lato reale e autentico del proprio marchio o della propria attività, pubblicando contenuti meno curati. È un luogo ideale per condividere il dietro le quinte della vostra attività. Le Storie di Instagram sono anche un ottimo modo per far scoprire le aziende, se abbinate alle funzionalità di ricerca della piattaforma. Ecco come iniziare a postare sulle vostre Storie di Instagram:

1. Toccare l'icona più nella parte superiore dello schermo e selezionare "Storia".

2. Selezionare la foto o il video che si desidera caricare

3. Aggiungere qualsiasi funzione aggiuntiva come posizione, testo, filtri, sondaggio, musica, ecc.

4. Toccate il pulsante "Invia a" e pubblicate la vostra storia.

Un'altra grande caratteristica della piattaforma è che Instagram consente di salvare le storie migliori e più belle come Instagram Highlights dalle proprie Instagram Stories. Le immagini e i video non possono essere aggiunti direttamente agli highlight e devono essere prima pubblicati come Storie. Gli Highlights di Instagram sono un ottimo modo per aggiungere ulteriori dettagli sul vostro marchio o sulla vostra attività che volete separare dalla vostra bio e dal feed principale, come gli orari di lavoro, le testimonianze o i vari servizi. Di solito appaiono proprio sotto la vostra bio e sono un ottimo modo per rendere permanente un contenuto temporaneo. Ci sono due modi per aggiungere storie ai punti salienti: dalle storie attuali o dal vostro archivio.

Ecco come aggiungere le storie attuali ai punti salienti:

1. Aprite una storia pubblicata o in corso e cliccate sull'icona del cuore in fondo allo schermo.

2. Aggiungete la storia a un Highlight esistente o createne uno nuovo se non ne avete ancora.

3. Una volta che la storia è stata pubblicata nell'highlight, è possibile modificare l'immagine di copertina o scegliere un nuovo nome per l'highlight.

Ecco come aggiungere le storie del vostro archivio agli highlights:

1. Accedete al vostro archivio in alto a destra del vostro profilo. L'archivio conterrà le storie scadute dopo il limite di 24 ore e qualsiasi altro post rimosso in passato.

2. Selezionare la storia, quindi fare clic su evidenziazione in fondo al menu e selezionare l'evidenziazione a cui si desidera aggiungerla.

Instagram Live

Mentre le Storie sono un ottimo modo per mostrare contenuti curati preregistrati con una data di scadenza, Instagram Live è un'altra funzione che consente di coinvolgere il pubblico in tempo reale. Per molti marchi emergenti e in crescita, avventurarsi nello spazio delle dirette può essere fonte di timore. È sempre utile prepararsi in anticipo e avere un programma se si intende utilizzare Instagram

Live. Le dirette sono un ottimo modo per coinvolgere il pubblico in tempo reale attraverso discussioni e domande e risposte.

Quando andate in diretta su Instagram, avete la possibilità di trasmetterlo alle vostre Storie di Instagram per far sapere agli utenti attuali della piattaforma che siete in diretta e anche di inviare una notifica agli utenti offline perché vengano a trovarvi. Potete invitare ospiti ai vostri livestream per collaborare, il che apre le porte a molte altre possibilità di marketing!

CAPITOLO 3: COSTRUIRE UNA STRATEGIA DI MARKETING DEI CONTENUTI

Ogni azienda online ha bisogno di un forte canale di marketing tattico con una strategia ben studiata. Lo sviluppo di una strategia di marketing non dovrebbe essere complicato, ma l'attenzione ai dettagli, la pazienza e la costanza vedranno sicuramente un significativo ritorno sull'investimento con il tempo. Questa sezione illustra tutto ciò che dovete considerare quando sviluppate la vostra strategia di marketing su Instagram.

Definizione degli obiettivi

Quando si sviluppa una strategia aziendale o di marketing, non sorprende che la definizione degli obiettivi sia sempre il primo compito da svolgere. La definizione di un obiettivo per il marketing su Instagram dovrebbe sempre iniziare con il chiedersi perché si è su questa piattaforma e cosa si vuole ottenere dalla promozione della propria attività o del proprio marchio su di essa. I motivi sono molteplici e possono essere i seguenti:

- Potreste essere già un marchio o un'azienda affermata e desiderare di attirare più follower da diverse fasce demografiche.

- State cercando di aumentare la notorietà del marchio e la reputazione nel vostro settore.

- Forse volete approfondire la conoscenza di un mercato e di un pubblico mentre testate una nuova impresa o un'idea.

- Potreste voler costruire una comunità con i vostri follower e fornire conoscenze su determinati prodotti e servizi che non sono soddisfatte altrove.

- Probabilmente volete incrementare le vendite e le entrate con campagne promozionali.

Indipendentemente dagli obiettivi definiti per costruire il quadro generale della vostra strategia di marketing, è importante allinearli sempre alla strategia SMART: Specifici, Misurabili, Raggiungibili, Rilevanti e Tempestivi.

Definire il pubblico di riferimento

La determinazione del pubblico di riferimento è un passo fondamentale per impostare la vostra strategia di marketing in modo che abbia successo. In parole povere, dovete far crescere il vostro pubblico con persone che sono realmente interessate ai vostri prodotti o servizi, in quanto hanno maggiori possibilità di coinvolgimento. Rivolgersi al pubblico sbagliato comprometterà drasticamente la vostra strategia di marketing.

Uno dei modi standard per evitarlo è quello di creare una buyer persona o un avatar e di comprenderne i dati demografici e gli interessi. Utilizzate metodi basati sui dati per ottenere innanzitutto informazioni sul vostro pubblico e conoscerne l'età, il sesso, l'ubicazione, l'occupazione, la capacità di guadagno e altro ancora.

Più si riesce a essere specifici e dettagliati, migliore sarà la comprensione del pubblico.

Un altro modo è quello di cercare gli hashtag relativi alla vostra azienda, al vostro marchio, al vostro mercato o al vostro settore e cercare i profili che si impegnano con questi hashtag per conoscere il loro comportamento, i punti dolenti, le preoccupazioni e i desideri.

Analizzare i concorrenti

Analizzare ciò che fanno i vostri concorrenti è una mossa saggia. È sempre meglio capire la situazione generale del mercato e trovare le opportunità per distinguersi dalla concorrenza. Se sapete chi sono i principali concorrenti nel vostro settore o mercato, potete consultare i loro profili e annotare i dettagli relativi a contenuti, coinvolgimento, crescita e altre metriche. Ripetete questo processo fino a quando non avrete raccolto abbastanza dati da almeno i primi cinque o dieci profili e poi iniziate ad analizzare tutti i dati raccolti per trovare punti in comune e modelli. Una volta terminata l'analisi, dovreste avere una buona idea del tipo di contenuti che i vostri concorrenti pubblicano e di quali post ottengono il maggior coinvolgimento. È una buona idea esaminare anche le sezioni dei commenti per verificare il feedback dei clienti. Questo è un ottimo modo per valutare ciò di cui i clienti sono sia soddisfatti che insoddisfatti. Grazie a queste informazioni, è possibile identificare le opportunità mancate e le lacune di cui si può approfittare.

Progettazione di contenuti di qualità

Abbiamo esaminato i vari tipi di contenuti che si possono pubblicare su Instagram nei capitoli precedenti, e va da sé che come brand o azienda volete che i vostri contenuti siano attraenti e piacevoli da vedere. Il contenuto è certamente il re su ogni piattaforma di social media e il contenuto di qualità è ciò che separa il profilo migliore da quello medio. I contenuti possono essere incentrati sulla promozione di prodotti e servizi, su post motivazionali, sul marchio o sulla cultura aziendale. Ma se i contenuti non sono all'altezza, i vostri follower potrebbero passare ai vostri concorrenti, che potrebbero pubblicare contenuti di qualità migliore. Per questo motivo, investire nella progettazione di contenuti di qualità è fondamentale per il successo del marketing sulla piattaforma.

Estetica coerente

Un flusso disorganizzato di estetica intorno ai vostri contenuti potrebbe non solo far cadere il vostro marketing, ma anche farvi perdere follower. Che si tratti di attirare nuovi follower o di conservare quelli esistenti, è importante capire che il pubblico di una piattaforma visiva vi riconosce e vi separa mentalmente dai contenuti di tutti gli altri.

Seguire l'estetica del proprio marchio con coerenza è molto importante. Le immagini del vostro profilo e del vostro feed devono essere in linea con la personalità del vostro marchio. Mantenere coerentemente un tema o un concetto visivo su tutte le piattaforme di social media, compreso Instagram, aiuterà sicuramente a imporsi come marchio agli occhi dei vostri follower.

Delineare un calendario editoriale

Non è un segreto che la crescita su qualsiasi piattaforma di social media richieda la pubblicazione costante di contenuti. In media, i marchi di maggior successo pubblicano una qualche forma di contenuto almeno due volte al giorno. Se si tratta di un nuovo marchio o di un'azienda che ha appena iniziato la sua incursione nel mondo del marketing online e digitale, all'inizio questa può sembrare una responsabilità monumentale, ma alla fine si troverà di fronte a un ostacolo. Potreste essere a corto di idee, sentirvi esausti o perdere la coerenza.

Il modo più semplice per essere efficienti e coerenti è creare un calendario di pianificazione che delinei la distribuzione dei contenuti in un determinato periodo di tempo. Esistono numerosi strumenti e applicazioni che possono aiutarvi a pianificare in anticipo gli orari di pubblicazione, i contenuti, le didascalie e gli hashtag. È inoltre possibile utilizzare questi strumenti per automatizzare la pubblicazione dei post e ottenere approfondimenti analitici per ottenere maggiori informazioni sui post.

Convertire i follower in clienti

Non dobbiamo dimenticare che l'obiettivo generale del marketing su Instagram è quello di far crescere il vostro marchio o la vostra attività portando i clienti dalla piattaforma ad acquistare i vostri prodotti o servizi. L'impegno sulla piattaforma da solo non è sufficiente a incrementare le entrate, quindi, quando si conducono campagne promozionali, bisogna sempre cercare di includere un invito all'azione (CTA) nelle didascalie, indicando ai follower di fare clic sul link nella bio, poiché la bio è l'unico posto in cui è possibile includere i link.

Implementare la strategia dei contenuti

Ora che avete capito l'importanza di costruire una strategia di content marketing sulla piattaforma, vediamo come mettere in pratica il piano. Abbiamo già analizzato i vari tipi di post che potete utilizzare sulla piattaforma sotto forma di immagini, video, storie e live. Questa sezione dovrebbe darvi un'idea dei metodi e delle varianti di questi post che potete utilizzare nella vostra strategia di marketing.

Immagini

Esistono diverse varianti di post di immagini che potete utilizzare nella vostra strategia, e potreste anche inventare delle varianti personalizzate, quindi siate sempre creativi e non abbiate paura di testare o sperimentare nuove idee. È inoltre importante che questi post appaiano reali e autentici e che non vengano messi in scena in alcun modo che possa far pensare al vostro pubblico che state facendo una forte pubblicità per ottenere un invito all'azione.

Messaggi dietro le quinte

Questi post sono un ottimo modo per dare al vostro pubblico una visione dietro le quinte di qualsiasi occasione, evento o lavoro che state svolgendo.

Messaggi educativi

Questi post hanno un ottimo riscontro, soprattutto se il vostro pubblico vi segue per avere una guida su determinati argomenti di cui è meno esperto. Questi tipi di post vi aiutano ad affermarvi come un'autorità.

Messaggi degli influencer

Collaborare con un social media influencer che ha un grande seguito, promuovendo e parlando del vostro prodotto o servizio, è un ottimo modo per aprire il vostro marchio e la vostra attività a un pubblico inesplorato.

Messaggi motivazionali

I post motivazionali sono un ottimo modo per amplificare il messaggio e i valori del vostro marchio al vostro pubblico, a seconda del tipo di azienda o marchio che gestite.

Contenuti generati dagli utenti (UGC)

Sebbene sia importante concentrarsi sulla creazione di contenuti originali per il proprio pubblico, si può ottenere molto anche dai contenuti generati dagli utenti o da quelli in cui i follower vi taggano o che postano con l'hashtag del vostro marchio. A patto che il post sia in linea con il vostro messaggio e che venga dato credito alla persona, questo è un ottimo modo per mettere in risalto il vostro pubblico sulla piattaforma e dimostrare che vi interessa davvero.

Messaggi per le vacanze

Esiste quasi una festività per ogni occasione ed evento in tutto il mondo e, dato che il vostro marchio cresce online e raggiunge molti in tutto il mondo, partecipare o celebrare la festività con un post può essere non solo un ottimo modo per rafforzare il legame con il vostro pubblico, che vi apprezzerà per questo, ma anche per raggiungere un maggior numero di potenziali follower in quella fascia demografica.

Messaggi di shopping

Questi post sono sicuramente le migliori probabilità di stimolare le vendite e aumentare le entrate, a patto che siano pubblicati con moderazione e non siano costantemente pubblicizzati. I post di shopping dovrebbero avere i vostri prodotti o servizi taggati nel post, in modo da rendere facile per i vostri follower toccare la casella informativa che li reindirizzerà al vostro negozio e li aiuterà a completare l'acquisto.

Messaggi del carosello

Con i post carosello, potete pubblicare fino a 10 immagini o video in un singolo post carosello e nello stesso formato. Sono un modo creativo per promuovere nuovi prodotti o servizi e si può essere davvero creativi con essi, fornendo un contesto più ampio sul prodotto o servizio, testimonianze di clienti, sequenze prima e dopo e qualsiasi evento organizzato per il prodotto o servizio.

Video

Abbiamo già stabilito che i contenuti video tendono a ottenere più trazione rispetto ai post di immagini, quindi l'inclusione di video di alta qualità e ben montati dovrebbe far parte della vostra strategia di marketing, poiché non c'è davvero limite a ciò che si può fare con video di Instagram di un minuto. Secondo HubSpot, il 64% dei consumatori è più propenso ad acquistare un prodotto dopo averne visto prima un video. Pertanto, è molto importante tenere a mente i seguenti suggerimenti quando si creano contenuti video convincenti.

Promuovete i vostri prodotti

Quando iniziate a creare il vostro messaggio video, promuovere il vostro prodotto nel modo giusto è importante per distinguervi dalla concorrenza senza proporre al mercato video insipidi e privi di messaggio. Concentratevi sempre sul valore aggiunto e fate capire al vostro pubblico in che modo il prodotto può essere utile per loro.

Educare il pubblico

A seconda dei vostri prodotti o servizi, potreste voler istruire il pubblico su cosa fornisce esattamente il prodotto o il servizio e perché può essere utile.

Costruire fiducia con i propri follower

Come sempre, è importante stabilire un rapporto di fiducia con i propri follower. Assicurandovi di comunicare il vostro messaggio video in linea con la cultura e i valori di cui il vostro marchio si fa portavoce, sarete sempre ammirati e guardati dal vostro pubblico.

Storie di Instagram

Come abbiamo già detto, le Storie sono un ottimo modo per coinvolgere il pubblico e attirare nuovi follower. Le aziende e i marchi stanno iniziando a capire il valore della pubblicazione di contenuti di breve durata, che non devono essere necessariamente professionali. Di seguito illustreremo alcuni dei modi migliori per utilizzare le Storie.

Con quale frequenza pubblicare le storie?

Questo aspetto è estremamente importante quando si inizia a costruire la propria strategia di marketing. Le storie richiedono molto tempo e voi, in quanto brand o azienda, dovrete decidere con quale frequenza pubblicare le vostre storie. Se postate troppo, i vostri follower potrebbero smettere di prestare attenzione. Pubblicando meno, invece, potreste lasciare spazio ai vostri concorrenti o perdere follower a causa della mancanza di coinvolgimento. Trovare la via di mezzo ottimale per la vostra attività, che sia in linea con il vostro marchio e il vostro messaggio, è fondamentale, perché ciò che può funzionare per qualcun altro potrebbe non funzionare necessariamente per voi. In sostanza, provate ciò che vi si addice e che ottiene il massimo livello di coinvolgimento da parte del vostro pubblico!

Quando pubblicare le storie?

Con i post regolari, è importante pubblicare quando i vostri follower sono nel momento di massimo coinvolgimento. Tuttavia, poiché le storie hanno una finestra di 24 ore, a meno che non le aggiungiate agli highlight, avete la flessibilità di postare in qualsiasi momento della giornata senza problemi!

Quali storie pubblicare?

La piattaforma ha reso tutto più semplice e dispone di molti strumenti creativi che si possono utilizzare per creare grandi storie. Come abbiamo detto in precedenza, non è necessario che le storie siano professionali e commerciali; è possibile dare un lato divertente e comico al proprio marchio o alla propria attività. L'analisi delle storie che hanno un maggiore coinvolgimento dovrebbe dirvi tutto quello che c'è da sapere sul tipo di contenuti con cui i vostri follower amano confrontarsi.

Caratteristiche delle Storie di Instagram

Ecco alcune caratteristiche con cui potete giocare quando pubblicate le Storie di Instagram che non solo vi aiuteranno ad aumentare i commenti dei vostri seguaci esistenti, ma potrebbero anche interessare i visitatori occasionali che toccano la vostra immagine del profilo.

Posizione

Da quando la piattaforma ha introdotto gli adesivi, questi sono diventati un ottimo mezzo di coinvolgimento e possono essere molto divertenti da utilizzare. Ad esempio, se vi trovate in un ristorante e taggate il luogo in cui si trova il ristorante con un adesivo, apparirete nelle storie del luogo in cui vi trovate, e questo è un modo divertente per attirare i visitatori da entrambi i profili.

Hashtag

Lo stesso vale per gli adesivi degli hashtag: se pubblicate una storia e aggiungete quell'hashtag come adesivo, questo apparirà sulla pagina dell'hashtag e tutti i visitatori casuali della pagina dell'hashtag potranno poi vedere il vostro profilo se sono interessati ai vostri contenuti.

Collegamenti

Si tratta di una novità importante per tutti i marchi, le aziende e gli influencer, in quanto le Storie sono l'unico posto in cui è possibile aggiungere link cliccabili oltre alla biografia, e un bonus sarebbe quello di salvare la storia come highlight per riferimenti futuri per il vostro pubblico. La possibilità di indirizzare il traffico dal proprio profilo Instagram verso link esterni è fondamentale per il marketing sulla piattaforma.

Collaborazioni

Quando si lavora e si collabora con altri profili e influencer, taggarli è un ottimo modo per stimolare l'engagement e ottenere più follower, dato che tutte le parti sfruttano i rispettivi seguiti.

Sondaggi, domande e cursori

Si tratta di un'altra grande funzione per i marchi e le aziende, in quanto rappresenta un'opportunità diretta per coinvolgere il pubblico con sondaggi su idee, prodotti, servizi e altro ancora. Si può anche essere molto diretti con questa funzione e sondare direttamente il pubblico su quali tipi di contenuti preferisce.

Conto alla rovescia

Si tratta di un'ottima funzione da implementare, soprattutto quando si vuole stimolare il pubblico per una vendita, un lancio o qualsiasi altra cosa dopo un conto alla rovescia.

Regali e meme

Queste immagini non invecchieranno mai ed è sempre divertente aggiungere una personalità espressiva e comica al vostro marchio. Inoltre, Instagram vi permette di trovarle e aggiungerle facilmente da una libreria.

Instagram Live

Instagram Live è un ottimo modo per coinvolgere il vostro pubblico e dovreste sicuramente utilizzare questa funzione come parte della vostra strategia di marketing complessiva.

Stuzzicare qualcosa

Negli ultimi tempi, molti marchi e aziende utilizzano le dirette per parlare del lancio di un nuovo prodotto, di un servizio o di un evento. Si tratta di un ottimo modo per creare un'atmosfera di entusiasmo e incuriosire il pubblico su ciò che si sta per lanciare o rilasciare. Ovviamente, non si vogliono svelare tutti i dettagli, quindi stuzzicare l'attenzione su ciò che si sta per fare e fissare le aspettative su data e ora è un ottimo modo per ottenere risultati positivi.

Domande e risposte, esercitazioni e workshop

Questo è un altro ottimo modo per coinvolgere il vostro pubblico, soprattutto se siete qualcuno a cui si rivolgono per chiedere aiuto e consigli.

Promuovere le campagne

La promozione della vostra campagna è un ottimo modo per utilizzare la funzione Live e potete anche essere creativi e creare un senso di urgenza con i vostri follower. L'invio di codici sconto e di offerte promozionali una tantum per i follower in diretta con voi può aumentare in modo massiccio il numero di spettatori e il coinvolgimento.

CAPITOLO 4: CRESCERE UN SEGUITO

Nei capitoli precedenti, avete letto dell'importanza del marketing su Instagram, dei vari tipi di post e di come costruire una strategia di contenuti con essi. In questa sezione vedremo come ottimizzare la strategia dei contenuti per far crescere il vostro seguito. Il vostro profilo Instagram è più di un semplice seguito, è la vostra comunità online. Acquistare follower non è mai una buona opzione, perché non otterrete mai alcun coinvolgimento da parte loro, né i vostri contenuti saranno di alcun valore per loro. Le vostre risorse devono sempre essere impiegate per costruire il vostro seguito e coltivarlo fino a farlo diventare un cliente di lunga data. L'unico modo per far crescere un seguito organico è creare contenuti convincenti di alta qualità e ottimizzarli per raggiungere il maggior numero possibile di nuovi follower. Questa sezione approfondisce alcuni modi molto utili per far crescere organicamente il vostro pubblico senza acquistarlo o utilizzare bot di spam.

Curatela del profilo

Il motivo per cui è importante curare il proprio profilo è che gli esseri umani sono prima di tutto esseri visivi. Creare una buona prima impressione ai visitatori è importante se volete che vi seguano. Mantenere un'estetica e un tema coerenti per il vostro profilo, in linea con il vostro marchio generale, può migliorare l'appeal visivo e l'atmosfera del vostro profilo, dando un'impressione e un aspetto professionali.

Utilizzare le bobine

Avete letto e capito cosa sono i reel, la loro importanza e quanto siano importanti nella strategia di marketing di oggi. Sfruttare il potere dei reel può davvero aiutare a far crescere il vostro pubblico, se fatto bene, perché i reel sono di gran lunga il tipo di contenuto più coinvolgente su Instagram. Potreste pensare che l'uso dei reel non abbia senso nella strategia di marketing complessiva del vostro marchio o della vostra azienda, ma la creatività non ha limiti. I vostri follower vi apprezzeranno sempre per la vostra originalità e se vi impegnerete a creare contenuti di alta qualità per loro.

Ottimizzare le didascalie

Si tratta di un suggerimento o "hack" davvero importante per chiunque voglia far crescere il proprio seguito: Ottimizzare le didascalie dei post per la ricerca o, in altre parole, l'ottimizzazione per i motori di ricerca (SEO). L'ottimizzazione per i motori di ricerca è una strategia a sé stante e l'implementazione di una strategia che ottimizzi tutti i vostri post è il modo più semplice per ottenere un maggior numero di visitatori occasionali sul vostro profilo. La piattaforma stessa è un gigantesco motore di ricerca e utilizza l'apprendimento automatico per trovare contenuti di alta qualità che siano rilevanti per l'utente in base ai suoi criteri di ricerca. Questo è importante perché molti utenti della piattaforma trovano i contenuti digitando parole chiave nella barra di ricerca, offrendo loro una pletora di opzioni, dagli hashtag ai profili da guardare. Ci sono molti fattori dietro l'algoritmo che costituiscono i criteri di selezione dei contenuti migliori e se è importante avere le parole chiave giuste, è altrettanto essenziale avere post di alta qualità con didascalie ben scritte.

Strategie Hashtag

Investire in una strategia di hashtag è un altro grande consiglio e "hack" che, se attuato nel modo giusto, produrrà un ROI significativamente elevato. Secondo SocialPilot, "i post con almeno un hashtag ottengono il 12% di engagement in più e in media ogni post contiene almeno dieci hashtag". L'uso di hashtag giusti e pertinenti, che abbiano un senso e siano in linea con il messaggio generale del vostro post, è fondamentale, in quanto porterà più follower che utilizzano la funzione di ricerca.

Ci sono molti hashtag popolari che possono sembrare saturi e congestionati da troppi post irrilevanti. Per contrastare questo fenomeno, è sempre importante analizzare gli hashtag utilizzati dal vostro pubblico, dai concorrenti e dai leader del settore che hanno un livello di coinvolgimento enorme. In questo modo, è possibile ridurre la nicchia di hashtag e puntare su hashtag più specifici e meno competitivi.

Regali

Chi non ama gli omaggi? Gli omaggi sono un'ottima tattica di marketing per far crescere il vostro pubblico e, se fatti bene e con la giusta strategia, hanno il potenziale di attirare molti più follower. È fondamentale stabilire aspettative e criteri di partecipazione chiari e ci sono molte opzioni, come postare nelle storie o taggare un amico, che possono ampliare la vostra portata.

Influencer e marchi

Collaborare con influencer e marchi per coinvolgere il loro pubblico e promuovere i vostri prodotti o servizi è un'ottima strategia di marketing e può portare benefici a tutte le parti coinvolte. Secondo SendPulse, "i marchi tendono a ottenere un ROI cinque volte superiore dall'importo speso per l'influencer marketing e le partnership con i marchi". Ciò rende questa strategia di marketing una scelta obbligata. Tuttavia, è essenziale assicurarsi di lavorare con l'influencer e il marchio giusto. È importante poter lavorare con un influencer che sia in sintonia con il vostro prodotto o servizio, in modo che sia più facile per loro promuovervi sulle loro piattaforme di social media per ottenere attenzione e attirare i loro follower verso di voi. Allo stesso modo, quando si collabora con un marchio, è necessario trovare il modo in cui il vostro prodotto o servizio si abbina bene al loro. Dovreste sempre fare una rapida analisi del background dell'influencer o del brand con cui volete lavorare per valutare come interagiscono con il loro pubblico e quanto impegno potete aspettarvi da loro. Determinare se il loro impegno è genuino, autentico e non si tratta di bot è un altro elemento importante di questa strategia.

Takeover degli ospiti

Si tratta di un trucco di marketing non sfruttato e non ortodosso che, se fatto bene, può certamente far crescere il vostro seguito. La presenza di un ospite - un dipendente, un influencer, una celebrità o semplicemente una persona diversa da voi dietro il marchio che tutti sono abituati a vedere ogni giorno - può essere un ottimo modo per attirare l'interesse del vostro pubblico e dei vostri follower. Si può promuovere in anticipo che l'ospite si occuperà delle storie in un formato Q&A o AMA (Ask me Anything).

Contenuto condivisibile

Nei capitoli precedenti avete letto quanto sia importante creare contenuti di alta qualità e il motivo per cui questo aspetto è stato sottolineato è che fa molto per il vostro marketing in termini di condivisibilità. La creazione di contenuti di alta qualità non solo ispira il pubblico e può spingerlo a compiere un'azione, ma può anche incoraggiarlo a condividerli con i propri follower. Il contenuto non deve essere necessariamente serio, a volte anche un meme o una gif in linea con il vostro marchio può essere divertente e potrebbe avere un grande successo se è già di tendenza nella cultura pop. Più i vostri post divertenti e non commerciali risuonano con il vostro pubblico, più è probabile che condividano i vostri contenuti.

Interazione in entrata

Un altro ottimo consiglio per aumentare il coinvolgimento dei vostri follower è quello di farli interagire con voi attraverso AMA e Q&A, a cui potete rispondere in un flusso di Instagram Stories. Questo è estremamente utile se siete esperti in materia e potete offrire consigli e conoscenze ai vostri follower, che possono condividerli con le persone che conoscono, portando a loro volta più visitatori alla vostra pagina. Questo processo di interazione inbound è un ottimo modo per stabilire la fiducia e non solo aiuta a far crescere il vostro pubblico, ma anche il loro interesse e la loro fedeltà al vostro marchio e alla vostra azienda. Un altro grande consiglio per l'interazione inbound è quello di prendersi il tempo per rispondere e reagire a tutti i commenti che ricevete dai vostri follower sui vostri post, soprattutto se si tratta di feedback o di pensieri e idee che hanno per voi.

Proposta di valore

È importante avere un quadro delle aspettative su ciò che i vostri clienti otterranno seguendovi. Immaginate di entrare in un ristorante o in una catena alimentare senza sapere che tipo di cibo producono. Probabilmente l'esperienza non sarà delle migliori e si tornerebbe indietro per andare in un posto da cui si sa cosa aspettarsi. Il vostro profilo e il vostro marchio seguono gli stessi principi. Una chiara proposta di valore del tipo di contenuti che avete creato è fondamentale per trasformare i visitatori in follower e infine in clienti.

Promozione incrociata

Per quanto riguarda il marketing su Instagram, è importante notare che la piattaforma è solo un canale di marketing e che, come azienda, dovreste sfruttare il maggior numero possibile di piattaforme sociali altamente coinvolgenti come TikTok, Facebook e YouTube. Avete anche la possibilità di collegare la vostra pagina aziendale di Facebook, come abbiamo discusso in un capitolo precedente.

Sfide

Una delle sfide più popolari sui social media che è diventata virale e che quasi tutti conoscono è l'ice bucket challenge del 2014. Le sfide sui social media hanno recentemente registrato un'impennata e sono un ottimo modo per far crescere il pubblico e creare nuove tendenze. Questo è anche un ottimo modo per coinvolgere i vostri follower e ha il potenziale per raggiungere milioni di utenti facendo in modo che accettino la sfida e vi tagghino con un hashtag di marca. Mantenete le sfide semplici e facili da fare e apprezzate sempre il vostro pubblico per il tempo che vi dedica.

UGC

Per quanto riguarda l'apprezzamento del pubblico, uno dei modi migliori per farlo è utilizzare i contenuti generati attraverso gli hashtag di marca o, in altre parole, i contenuti generati dagli utenti. Ci sono molti modi per utilizzare i contenuti generati dagli utenti, oltre alla strategia di creazione di contenuti originali. Potreste lanciare una sfida e chiedere ai vostri follower di taggarvi con la sfida nell'hashtag di marca e, quando passate al setaccio i contenuti, potreste aggiungere un carosello di post con i cinque migliori contributi, per esempio. Questo è un ottimo modo per mettere in evidenza il vostro pubblico nel feed principale del vostro profilo e potrebbe motivare il resto del pubblico a partecipare di nuovo la volta successiva. È un ottimo modo per creare un legame con la vostra community e aumentare il coinvolgimento in modo organico.

Accessibilità

Rendere i vostri contenuti accessibili a tutti è estremamente importante e vi aiuterà a dimostrare che avete a cuore tutti i vostri follower. Semplici accorgimenti come l'aggiunta di sottotitoli o di testo in sovrimpressione, l'uso delle maiuscole nelle didascalie, la garanzia di un'ottima qualità del suono per i post audio e video e la descrizione dettagliata delle immagini, se possibile, sono alcuni dei modi migliori per rendere i vostri contenuti accessibili e inclusivi per alcuni dei vostri ascoltatori non udenti o con problemi di vista.

Coerenza

In qualsiasi tipo di social media marketing, il contenuto è il re e la coerenza è fondamentale. Avete già letto quanto sia importante postare contenuti di alta qualità con costanza. Ci sono molti modi per far funzionare la vostra strategia di content marketing su Instagram su tutte e quattro le ruote. Alcuni di essi consistono nell'investire in applicazioni e strumenti di pianificazione; ne troverete molti su Internet, quindi fate sempre una ricerca e valutate le differenze tra quelli gratuiti e quelli a pagamento e optate sempre per l'opzione che vi offre il maggior numero di vantaggi e riduce il vostro tempo. Potreste anche assumere un assistente virtuale o un social media marketing manager per mantenere un programma serrato di pubblicazione sul vostro account, seguendo i passaggi menzionati nei capitoli precedenti e collegando i loro account al vostro profilo aziendale. Un altro consiglio è quello di analizzare i momenti di maggiore attività e coinvolgimento del vostro pubblico durante la settimana, per capire quali sono i momenti migliori per postare sulla piattaforma. Si vuole essere in grado di massimizzare la capacità di raggiungere un maggior numero di follower e di visitatori occasionali nei momenti di maggiore attività, per avere maggiori possibilità di aumentare i propri follower.

CAPITOLO 5: ANALISI DI INSTAGRAM

Quando riunite tutti gli elementi della vostra strategia di marketing e iniziate ad attuarla, vi renderete conto della necessità di capire se la vostra strategia sta dando risultati. Qualsiasi strategia di marketing, dopo una certa durata, richiederà una forma di analisi dei dati per capire quanto sta funzionando. Il miglior vantaggio dell'aggiornamento del vostro profilo a un account business è che avrete accesso a Insights, uno strumento utilizzato per questo tipo di analisi.

L'analisi analitica è il modo migliore per ottenere informazioni sul tipo di contenuti che il vostro pubblico ama utilizzare e sui momenti in cui è più attivo durante la giornata. È importante conoscere queste informazioni per impostare una strategia di marketing di successo. Scegliere le metriche giuste da monitorare è importante, perché ce ne sono un'infinità e molto probabilmente vorrete monitorare le metriche curate appositamente per la vostra strategia di marketing. Poiché ogni azienda e marchio è diverso, la loro strategia di marketing e le loro analisi saranno ugualmente diverse l'una dall'altra.

In questo capitolo capirete tutto quello che c'è da sapere sugli analytics di Instagram e sulla crescita del vostro account, sul miglioramento della vostra strategia di marketing e sul raggiungimento del pubblico target. Vedremo anche l'importanza della crescita del pubblico e le varie analisi dei post in base alle metriche di ogni post.

Analisi del pubblico di Instagram

Indipendentemente dalle metriche su cui si basa la vostra strategia di marketing, dovete sempre analizzare e studiare i dati relativi al vostro pubblico perché, dopo tutto, ogni strategia di social media marketing richiede di far crescere un pubblico, di coltivare nuovi follower e di convertirli in futuri clienti. Alcune metriche chiave per il pubblico che dovete sempre considerare sono le seguenti:

- **Posizione** - È necessario sapere in quale parte del mondo, paese e città si trova la maggior parte dei vostri follower per aiutarvi a determinare quale potrebbe essere l'orario migliore per postare in base al loro fuso orario e durante i loro momenti più attivi.

- **Età** - Dovrete anche analizzare e vedere quale gruppo di età risuona con i vostri contenuti per decidere di conseguenza la frequenza dei vostri post, dato che i follower più giovani tendono a passare più tempo sui social media.

- **Genere** - Una metrica demografica importante per determinare quale genere risuona di più con i vostri contenuti, e questo dovrebbe di conseguenza aiutarvi a curare più contenuti specificamente per loro.

Un'altra metrica fondamentale a cui prestare attenzione è quella dei seguiti e degli unfollowed, che vi dirà quanti follower perdete e guadagnate ogni giorno. Ovviamente, volete ridurre al minimo gli unfollowed e aumentare i followers. Quindi, tenete d'occhio questa metrica mentre pubblicate costantemente sul vostro profilo e notate eventuali picchi irregolari che potrebbero dirvi se il contenuto è stato accolto bene o male.

Feed Post Analytics

Abbiamo parlato dell'importanza di costruire il vostro feed principale e di utilizzare un mix strategico di contenuti video e immagini. Mentre continuate a pubblicare contenuti di qualità sul vostro feed principale, diventa essenziale analizzarli nel tempo per determinare l'efficacia dei vostri post. Questo vi darà un'idea se i vostri contenuti si adattano bene all'algoritmo di Instagram e se stanno aiutando i vostri contenuti a raggiungere un maggior numero di utenti. Le metriche di performance importanti da monitorare sono i like, i commenti, le condivisioni, i salvataggi e i clic. L'analisi di queste metriche dovrebbe darvi una buona comprensione del numero di interazioni avvenute su quel post e di quanti account ha raggiunto il contenuto. Potete anche incoraggiare i vostri follower a salvare e condividere i vostri contenuti se li trovano utili. Questo è un ottimo suggerimento, soprattutto se si tratta di contenuti video, perché in questo modo il coinvolgimento passivo continua a crescere nel tempo, dato che i vostri follower continuano a tornare a vedere il post. Incoraggiare i vostri follower a condividere i vostri contenuti con qualcuno che potrebbero conoscere è anche un ottimo modo per attirare nuovi follower che la pensano come voi e costruire una forte comunità.

Storie analitiche

Nel capitolo 2 si è parlato di Instagram Stories e si è anche scoperto quanto si possa essere disinvolti con i vari tipi di post che si possono condividere nelle Stories. Instagram vi aiuta a capire se i contenuti delle Storie sono stati accolti bene dal vostro pubblico o meno con le seguenti metriche:

- Indietro

- In avanti

- Eccitato

- Storia successiva

- Clic sul link

- Impressioni

- Visite al profilo

- Tocco del pulsante di testo

- Scorrimento verso l'alto

Esaminando ognuna di queste metriche si può capire come il pubblico ha navigato nelle vostre storie: Se hanno cliccato su eventuali link o caselle di testo aggiunte, se hanno reagito alla storia e se hanno visitato il vostro profilo a partire dalla storia. Altre metriche chiave che potete tenere sotto controllo sono il tasso di osservazione e il tasso di completamento per storia. Il tasso di visione calcola la percentuale di spettatori che hanno guardato le vostre storie dall'inizio alla fine, mentre il tasso di completamento calcola la percentuale di spettatori che hanno guardato l'intera durata di ogni diapositiva nelle vostre storie. L'analisi di queste due metriche, insieme alle altre, può fornire un quadro chiaro di ciò che funziona e di ciò che si può migliorare in base ai contenuti pubblicati nelle storie.

Bobine e analisi dal vivo

Abbiamo analizzato l'importanza dell'uso di Instagram Reels e Live e abbiamo anche letto quanto siano cruciali per la vostra strategia di content marketing. Alcune metriche chiave che vedrete sia per le dirette che per i reel sono il numero di volte in cui sono stati riprodotti, il numero di interazioni sul post del reel, il numero di account raggiunti dal reel e altre metriche di coinvolgimento come commenti, salvataggi e like. I rulli sono attualmente il miglior post della piattaforma e sfruttarli può aiutarvi ad aumentare la vostra portata. Con Instagram Live, potrete vedere commenti, reazioni e il numero totale di spettatori presenti durante la diretta, oltre ad altre metriche. Si tratta di informazioni molto utili da tenere a portata di mano quando si prevede di ospitare altre dirette in futuro.

Analisi dello shopping

Abbiamo già visto come ottimizzare il vostro account per integrare il vostro negozio online e come creare post di shopping con link esterni inseriti nel post. Un'altra funzione da attivare è Instagram Checkout. In fin dei conti, la vostra strategia di marketing deve spingere i vostri follower a compiere un'azione quando visualizzano i vostri post di shopping, ed è importante tenere d'occhio i post che generano il maggior valore per il vostro marchio. Due metriche chiave che le shopping analytics possono aiutarvi a monitorare sono le visualizzazioni delle pagine dei prodotti e i clic sui pulsanti dei prodotti. Se la pagina di un prodotto ha un alto numero di visualizzazioni ma un basso numero di clic sul pulsante, questo potrebbe essere un indicatore del fatto che il prezzo del prodotto è alto o che la descrizione del prodotto non è abbastanza convincente.

CAPITOLO 6: PUBBLICITÀ SU INSTAGRAM

La parte finale di questo libro riguarda la pubblicità su Instagram e la verifica se la pubblicità sulla piattaforma ha senso o meno per il vostro marchio e la vostra azienda. La pubblicità su Instagram offre numerosi vantaggi in termini di esposizione a un pubblico mirato, di generazione di contatti per la vostra azienda e di opportunità di indirizzare il traffico verso un sito esterno. L'esecuzione di annunci pubblicitari è una decisione importante per il proprietario di un'azienda o di un marchio, quindi è sempre meglio fare un po' di compiti a casa e chiedersi se si è pronti a eseguire annunci e cosa si sta cercando di ottenere con gli annunci.

Di solito ha senso pubblicare annunci quando la vostra attività sta iniziando a decollare, perché gli annunci sono semplicemente un metodo per amplificare lo sforzo che avete fatto per far crescere organicamente la vostra attività o il vostro marchio fino a quel momento. Non si vuole spendere denaro per pubblicare annunci che non convertono, né si vogliono pubblicare annunci di scarsa qualità che non hanno un invito all'azione desiderabile. È inoltre importante capire con quale mentalità si deve iniziare a fare pubblicità sulla piattaforma e che, a meno che non si tratti di un brillante colpo di fortuna, non tutti gli annunci avranno un buon rendimento o convertiranno. Inoltre, a un certo punto i vostri annunci potrebbero iniziare a diminuire di rendimento. Tutte queste preoccupazioni fanno parte del processo e non devono scoraggiarvi dall'analizzare ciò che è andato storto e dal cercare di ottenere nuovamente una formula vincente.

Una volta che vi siete decisi e avete deciso di fare il grande passo con la pubblicità, questa sezione vi fornirà tutte le informazioni necessarie per impostare ed eseguire la vostra prima di molte campagne pubblicitarie.

Nel primo capitolo di questo libro avete letto di come collegare il vostro profilo aziendale di Instagram a una pagina Facebook Business, e questo è estremamente importante perché Instagram utilizza la piattaforma pubblicitaria di Facebook per pubblicare gli annunci. Se avete creato una pagina Facebook all'inizio, quando avete iniziato il vostro percorso di marketing su Instagram, le seguenti strategie dovrebbero essere facili da implementare, in quanto tutte le operazioni di impostazione, budgeting, programmazione, creazione ed esecuzione dell'annuncio saranno effettuate tramite Facebook stesso.

Ricerca

La ricerca è sempre importante prima di avventurarsi in qualcosa di nuovo, e in questo libro avete letto quanto sia importante la ricerca dei vostri concorrenti. Dedicare del tempo alla ricerca di ciò che fanno i vostri concorrenti e i leader del settore vi aiuterà a capire le loro call to action, i loro livelli di coinvolgimento e i tipi di annunci che convertono.

Ci sono due modi per ricercare le inserzioni dei vostri concorrenti. Il primo metodo consiste nell'accedere alla loro pagina aziendale di Facebook e fare clic su "Trasparenza della pagina" per vedere la cronologia di tutti gli annunci che hanno pubblicato, collegati anche a Instagram e ad altre piattaforme. In genere, se l'annuncio è ancora attivo, è molto probabile che stia andando bene.

Il secondo metodo di ricerca è un po' sperimentale, soprattutto se si utilizza una strategia di remarketing. Iniziate visualizzando il loro profilo su Instagram e poi fate clic sul link al loro sito web nella biografia. Una volta reindirizzati al loro sito web, sfogliate alcuni dei loro prodotti e cliccate su alcuni di essi per leggerne la descrizione. Uscite e accedete nuovamente a Instagram, e quando tornate sulla piattaforma potreste vedere il loro annuncio di retargeting sul vostro feed iniziale.

Obiettivi

Gli obiettivi della campagna sono fondamentalmente ciò che dovete far fare ai visitatori e ai follower quando vedono i vostri annunci. Per la pubblicità su Instagram, gli obiettivi della campagna sono leggermente diversi rispetto a quelli di Facebook e sono i seguenti:

- **Brand awareness** - Volete raggiungere più persone e creare consapevolezza sul vostro marchio e sulla vostra attività.

- **Portata** - Volete che il vostro annuncio raggiunga il maggior numero possibile di spettatori.

- **Traffico** - Si vuole aumentare il tasso di click-through verso siti web e negozi esterni.

- **Installazioni di app** - Volete inviare le persone al vostro negozio online per effettuare un acquisto.

- **Coinvolgimento** - Volete ottenere un coinvolgimento nei vostri post attraverso like, commenti, condivisioni e salvataggi.

- **Conversioni** - Volete che i visitatori prendano determinate decisioni, come iscriversi a un elenco di e-mail o completare un acquisto.

Una nota importante da menzionare è che se il vostro obiettivo è quello di vendere prodotti o servizi online e desiderate condurre una campagna di remarketing, dovete installare un pixel di Facebook, che è un piccolo pezzo di codice che potete inserire nel vostro sito web per tracciare i visitatori.

Targeting

Il targeting consiste nel cercare di trovare le persone giuste a cui fare pubblicità e che hanno maggiori probabilità di intraprendere un'azione e di procedere con un acquisto. Instagram ha le stesse opzioni di targeting di Facebook, che includono la posizione, i dati demografici e il comportamento, tra le altre opzioni.

A livello di base, è necessario selezionare la località, l'età, il sesso e la lingua. È inoltre possibile creare un pubblico personalizzato o un pubblico lookalike basato su entrambe le configurazioni della piattaforma. Da qui avete due opzioni per restringere ulteriormente i criteri con Facebook Audience Insights o Google Analytics.

Creativo

La progettazione di creazioni pubblicitarie per Instagram è sia un'arte che una scienza, con l'obiettivo di raggiungere le persone giuste e motivarle con il giusto tono a partecipare al vostro annuncio. Instagram offre quattro tipi di annunci tra cui scegliere:

- Carosello - Sono ottime opzioni per mostrare più prodotti o più usi di un singolo prodotto.

- Immagine singola - Le immagini sono semplici se si sta iniziando a fare pubblicità sulla piattaforma, sono abbastanza facili da impostare e funzionano molto bene.

- Video singolo - I video sono i migliori per attirare il pubblico con clip di 30-60 secondi e hanno sicuramente il miglior ritorno sull'investimento.

- Slideshow - Sono ideali se avete risorse limitate e potete semplicemente mettere insieme un video con immagini fisse come una presentazione.

Una volta fissati gli obiettivi, determinato il pubblico di riferimento e progettate le creatività, è ora il momento di creare il primo annuncio con i seguenti passaggi:

1. Se il vostro profilo aziendale di Instagram è collegato alla vostra pagina aziendale di Facebook, cliccate su Instagram Ads e inserite le vostre credenziali.

2. Andate su Facebook Ads Manager e cliccate sul pulsante "+ Crea" in alto a sinistra dello schermo.

3. Inserire gli obiettivi della campagna e creare un pixel se si sceglie di fare retargeting.

4. Create il vostro Ad Set scegliendo le preferenze del pubblico e il vostro budget di spesa.

5. Fare clic su Continua per scegliere il tipo di annuncio che si desidera pubblicare e aggiungere la didascalia e il titolo dell'annuncio.

6. Visualizzate l'anteprima dell'annuncio per vedere come apparirà prima di pubblicarlo e, se necessario, apportate eventuali modifiche.

7. Verificate altre opzioni di distribuzione se volete farlo girare anche su Facebook.

8. Se tutto sembra a posto, fare clic su Conferma.

Tracciamento

Ora che avete impostato e lanciato con successo la vostra campagna pubblicitaria, come per qualsiasi altra cosa, è importante monitorare e misurare le prestazioni per modificarle e ottimizzarle per il successo. Dopo aver effettuato l'ordine, dovreste essere in grado di vedere le metriche di performance del vostro annuncio su Instagram in Ads manager. È inoltre possibile utilizzare Ads manager per personalizzare e giocare con le funzioni per mostrare i risultati in base ai propri obiettivi. Se l'annuncio ha un buon rendimento per i primi giorni, potete aumentare la spesa dell'annuncio ogni tre o quattro giorni e continuare a monitorare il rendimento. Se l'annuncio smette di funzionare o inizia a diminuire, potete spegnerlo per analizzare dove ha smesso di funzionare e poi ricominciarne uno nuovo.

CONCLUSIONE

In questo libro avete a disposizione tutte le informazioni importanti che vi guideranno nella costruzione di una solida strategia di marketing su Instagram. Nuove strategie emergono costantemente con l'evolversi della piattaforma, ma questo libro dovrebbe fornirvi una buona base di partenza. Sappiate che il marketing e la crescita del vostro seguito non produrranno risultati da un giorno all'altro e che si tratta di un piano di gioco a lungo termine per il quale dovreste essere preparati. Non dovete mai prendere la strada più facile e ricorrere a scorciatoie come l'acquisto di follower, perché non si impegneranno con i vostri contenuti e molto probabilmente saranno bot che spammano messaggi e molestano il vostro seguito organico.

Prendete tempo e sperimentate con i contenuti, vedete cosa funziona e tenetevi al passo con le tendenze della cultura pop per cercare di inserirle nella vostra strategia di contenuti, se possibile. Concentratevi sulla definizione di obiettivi e traguardi semplici con la vostra strategia di marketing e sfruttate sempre altre piattaforme per guidare e attirare il traffico in modo appropriato. A seconda del vostro budget di marketing, potete investire in strumenti, software, applicazioni e persone esterne che vi aiutino con il marketing e la pubblicità sulla piattaforma per risparmiare tempo, oppure, se siete pazienti e non avete fretta, potete far crescere organicamente il vostro seguito con post e coinvolgimento costanti.

Utilizzate al meglio tutti i tipi di post di Instagram a vostra disposizione e preferite sempre la qualità alla quantità. Ricordate che il contenuto è il re e la qualità è la chiave quando elaborate la vostra strategia di marketing su Instagram per far crescere un seguito organico.

Quando finalmente decidete di lanciare annunci su Instagram, fate sempre una ricerca sui vostri concorrenti e scegliete gli obiettivi giusti. Inoltre, assicuratevi di creare e installare un pixel di Facebook se intendete eseguire una campagna di remarketing. Infine, iniziate sempre con una piccola spesa per gli annunci e aumentatela gradualmente se l'annuncio ha un buon rendimento, apportando le modifiche necessarie lungo il percorso.

Spero che vi sia piaciuto imparare a fare marketing su Instagram e vi auguro la migliore fortuna nei vostri sforzi!

Milton Keynes UK
Ingram Content Group UK Ltd.
UKHW021101031224
452078UK00010B/713